Thomas Kurt Grieser

Videobasiertes Lernen – Filme in der Aus- und Weiterbildung

Pädagogik, Band 18

Thomas Kurt Grieser

Videobasiertes Lernen – Filme in der Aus- und Weiterbildung

Vom virtuellen Erleben zur Interaktion. Eine methodische Handreichung

Frank & Timme
Verlag für wissenschaftliche Literatur

Umschlagabbildung © Look! – stock.adobe.com

Korrektorat: Jessica Gläser und Katja Hauffe

ISBN 978-3-7329-0864-6
ISBN E-Book 978-3-7329-9073-3
ISSN 1862-6122

Herstellung durch Frank & Timme GmbH,
Wittelsbacherstraße 27a, 10707 Berlin.
Printed in Germany.
Gedruckt auf säurefreiem, alterungsbeständigem Papier.

www.frank-timme.de

Inhaltsverzeichnis

Einleitung

Das Buch behandelt die Möglichkeiten videobasierten Lernens in der Aus- und Weiterbildung. Die Themenentfaltung, deren Gliederung im Inhaltsverzeichnis ersichtlich wird, sei an dieser Stelle zusammenfassend erläutert:

Zunächst behandelt Teil I gegenwärtige Entwicklungen der Mediensozialisation, die zum Teil mit einer immer häufiger stattfindenden Nutzung von Film- und Videomaterial in der Aus- und Weiterbildung zusammenhängen. Lehrpersonen sehen dadurch ihre Handlungsformen einer starken methodischen Veränderung ausgesetzt, wenngleich dahingestellt sei, ob sich diese Variation tatsächlich als revolutionär charakterisieren lässt, da sie sich in der Praxis oft auf die Rezeption von Podcasts oder Videomaterial reduziert. Für die Aus- und Weiterbildungsdidaktik ergeben sich aus dem videobasierten Lernen dennoch spezifische Chancen, die den Fokus auf die Interaktion in Lerngruppen lenken. Aus der konstruktivistischen Favorisierung der Rolle des Lernbegleiters und der Individualisierung in den 1990er Jahren ergab sich schnell die Erkenntnis, in welch hohem Maß der Lernerfolg von den methodischen und personalen Kompetenzen der Kursleitung und Teilnehmenden, aber auch von den jeweiligen institutionellen Rahmenbedingungen und dem Lernort abhängt. Die konstruktivistischen Ansätze, die von Methodenpluralismus und Teilnehmerinitiative gekennzeichnet sind, scheitern häufig an Konditionen wie überfüllten Lernräumen oder mangelhaften technischen Voraussetzungen, aber auch an unzureichender Methodenkompetenz der Lehrenden und Lernenden. Selbst bei instruktionistischer Arbeitsweise verlangt der Einbezug audiovisueller Medien deutlich mehr als nur „Basiskenntnisse von gängigen Anwendungsprogrammen oder Kompetenzen im kritischen Umgang mit Medien" (Hochhausen, 2019, S. 6ff.).

Demgegenüber erlebt, trotz der Webinar- und Virtualisierungskonjunktur, der Zauber der leiblichen Gegenwärtigkeit nicht erst seit der Coronakrise eine Renaissance. Dabei kann eine ausschließende Alternative zwischen Glorifizierung oder Ablehnung des Medienformats Video in der Praxis nicht zielführend sein. Es stellt sich vielmehr die Frage, welche praktikablen methodischen Arrangements die Didaktik der Aus- und Weiterbildung für das videobasierte Lernen bieten kann. Im komplexen Prozess der didaktischen Entscheidungen braucht es zudem eine Theorie, welche die Kriterien dessen liefert, was als „gut" oder „qualitativ wertvoll" angesehen werden kann (Vgl. Dorgerloh/Wolf 2020). Meines Erachtens lohnt es sich dabei, auf das seit langem etablierte didaktische Prinzip der Erfahrungsorientierung zurückzugreifen. Denn dieser Ansatz zielt darauf, die Lehrziele der Lehrpersonen mit den Lernzielen der Teilnehmenden zu harmonisieren.

Wie videobasiertes Lernen in der Praxis erfahrungsorientiert umgesetzt werden kann, skizziert der größere, zweite Abschnitt der Veröffentlichung. Die im Teil II vorgestellten methodischen Entwürfe tangieren verschiedene Themen und Zielstellungen.

Hierzu zählen etwa interaktionales und praxisbegleitendes Lernen, Orientierung an verschiedenen Filmgattungen und Videoformaten, Unterscheidung von Information, Manipulation und Infotainment, filmkunstspezifische Arbeitsweisen, videobezogene Figuren- und Diskursanalysen.

Allen Ansätzen ist gemeinsam, dass sie einerseits von einem gattungsspezifischen Lernpotenzial des Videoeinsatzes ausgehen und andererseits Freiräume der interaktionalen Umsetzung eröffnen. Sie sind nicht vom Elfenbeinturm akademischer Theoriebildung aus entstanden, sondern ich konnte sie in meiner vielfältigen erwachsenenbildnerischen Praxis als Projektkoordinator, freiberuflicher Dozent, Unternehmensberater, Akademieleiter, Personalentwickler und Berufsschullehrer erproben.

Die Cartoons, die mir freundlicherweise einige Bildkünstler zum Thema des Buches zur Verfügung gestellt haben, bilden eine Ebene der Lektüre, die über die bloße Illustrationsfunktion hinausreicht. Die Bilder inspirieren möglicherweise zu weiteren Vorgehensweisen bei der Vorbereitung und Initiierung videobasierter Lernprozesse. Ich danke allen Urhebern sehr herzlich für die Abdruckgenehmigung.

Im Buch wird aus Gründen der besseren Lesbarkeit überwiegend das generische Maskulinum verwendet, wobei sich mit dieser grammatischen Form alle Geschlechter angesprochen fühlen dürfen.

1 Videobasiertes Lernen im Kontext von medientechnisch gestützten Handlungsformen in der Aus- und Weiterbildung

1.1 Gegenwärtige Professionalisierungstendenzen

Im Unterschied zur schulischen Didaktik und Sozialpädagogik und auch in Abgrenzung zu einigen Konzepten der betrieblichen Personalentwicklung wird in der Aus- und Weiterbildung traditionell die Mündigkeit des Lernenden vorausgesetzt. Dennoch könnte skeptisch gefragt werden, ob diese Zuschreibung ein zu optimistisches Deutungsmuster beinhaltet, was hier nicht weiter untersucht werden soll. In den Erwachsenenbildungs- und Weiterbildungsgesetzen der Bundesländer und ebenso in den länderübergreifenden Ausbildungsordnungen wird offensichtlich von einem freiheitlichen, dialogischen Verständnis des Lernens ausgegangen. Unmittelbar einsichtig ist auch der Fakt, dass Erwachsenenbildner in ihrer Tätigkeit stets mit anderen Sozialwissenschaftlern konkurrieren, die oft ohne sich dessen bewusst zu sein, als Erwachsenenbildner wirken, wie etwa Soziologen, Psychologen, Juristen, Journalisten, Betriebswirtschaftler, Germanisten, Theologen usw. Die Absolventen dieser Studiengänge verfügen über Fachwissen, das in der erwachsenenpädagogischen

Lehre oft zugunsten methodischer Fokussierung nur am Rande vermittelt werden kann. Dennoch folgt daraus nicht zwingend, dass Psychologen in ihrer Beratungsexpertise unübertrefflich sind, Soziologen das beste gesellschaftstheoretische Verständnis haben, Journalisten und Germanisten über hervorragende kommunikative Fähigkeiten verfügen und Betriebswirtschaftler überdurchschnittlich ausgeprägte Managementkompetenzen aufweisen. Entscheidend für den fachlichen Kompetenzerwerb sind praktische Erfahrungen, die im Rahmen eines Hochschulstudiums meist nur unzureichend stattfinden. Hinzu kommt, dass etwa videobasiertes Lernen bzw. das Nutzen von Videosequenzen häufig nur oberflächlich beschrieben wird (Hartmann/Funk/Nietmann 2012, S. 102 f.).

Aus diesen Gründen stellt sich bei vielen Berufseinsteigern der berüchtigte Praxisschock ein, der umso härter ausfällt, je weiter die Praxisferne akademischer Lehre festgestellt werden muss. Die Vielfalt der Praxisanforderungen kontrastiert zudem häufig mit den theoretischen Spezialisierungen. Dies gilt für eine Vielzahl von Jobs und Positionen. Für alle gilt: Professionelle Handlungsformen werden zunehmend medientechnisch vermittelt. Zudem verschmelzen Erwachsenen- und Medienpädagogik zunehmend miteinander, was gegenwärtig dazu führt, die Aneignung von Methodenexpertise immer häufiger in einen Rahmen zu stellen, in dem Lernprozesse an einem Bildschirm stattfinden. Der Erwerb und das Training einer solchen computer- und internetbasierten Methodenkompetenz würde durch eine erfahrungsorientierte Organisation der Hochschulausbildung begünstigt werden. Die

„Übersetzung" der etablierten professionellen Handlungsformen für das videobasierte Lehren und Lernen steht jedoch vielerorts noch am Anfang.

Mit der Metapher der Übersetzung ist angedeutet, dass in vielen praktischen Aktivitäten von Lehrkräften, Personalentwicklern, Moderatoren oder Coaches eine Analogie zur tatsächlichen Übersetzertätigkeit besteht. Sie äußert sich u. a. darin, sich der Selbstreferenzialität und Unübersetzbarkeit bestimmter fachlicher Begriffe und Prozesse bewusst zu werden. Aus- und Weiterbildner beobachten, dokumentieren, coachen, beraten, informieren und treten somit häufig als Mittler auf. Sie versuchen zur Selbstreferenz neigende kulturelle bzw. professionelle Systeme (z. B. in Unternehmen, Organisationen, öffentlichen Institutionen) mit anderen Systemen oder Personen in Austausch zu bringen, indem sie selbst die unterschiedlichen „Sprachen" (Termini, Modelle, Arbeitsabläufe, Deutungsmuster etc.) der jeweiligen Akteure beherrschen bzw. sie sich allmählich aneignen. Dabei werden verschiedene kommunikative Handlungsformen mit bestimmten Zielen zur Anwendung gebracht. Wodurch sie sich im Kern auszeichnen und welche beinahe unerschöpfliche Vielzahl an methodischen Möglichkeiten ihnen gegenübersteht, verdeutlicht folgende Übersicht.

Professionelle Handlungsform	**Ziel/Wesen**	**Exemplarische Methoden und Instrumente**
Beratung	Hilfestellung für selbstständige Problemlösung bekommen	Aktives Zuhören, Gesprächsführungstechniken, Modelle der kollegialen Beratung, Techniken der Transaktionsanalyse, Videofeedback etc.
Dokumentation	Ergebnisse sichern	CRM-/QM-Instrumente, Beobachtungs-Protokolle, Notizen, Fotos, Dokumentarfilme, künstlerische Illustrationen, Software-Programme…
Beobachtung	Verhaltensweisen wahrnehmen, subjektive Wahrnehmungen beschreiben	Beschreibungen, Introspektionen, Mitarbeitergespräche, Rating-Konferenzen, Feedbacks, Photoreadings, Filmanalysen etc.
Evaluation/ Gutachten	Soll-/Ist-Abgleich, Handlungsempfehlungen, Stellungnahmen	Einschätzung von Dokumentationsmaterial, Statistiken und Fragebögen (prozess- oder ergebnisbezogen)
Coaching/ Mentoring	Entwicklung beruflicher Kompetenz	nach Systematik des jeweiligen Modells (Enneagramm, MBTI etc.)
Interessenvertretung	Zustimmung gewinnen, Werbung, Durchsetzung	Präsentieren und Argumentieren in Arbeitskreisen, Betriebsräten, Abteilungen, Fachgremiensitzungen etc.
Moderation	Leitung und Ergebnissicherung von Diskussionen, Kompromisse finden	Fragetechniken, Paraphrasieren, Visualisierungstechniken, Protokollieren, Dokumentieren, ggf. Konfliktbearbeitung etc.

Professionelle Handlungsform	Ziel/Wesen	Exemplarische Methoden und Instrumente
Anleitung	bereits definierte Problemlösung weitergeben	Anweisungstexte, Aufgabenstellungen, Visualisierungen über Fotos, Zeichnungen, Filme oder Schaubilder, Anwendungsbeschreibungen etc.
Information	Wissen/Kenntnis erhalten bzw. Zusammenfassungen und Vereinfachungen vornehmen und weitergeben	Textaufbereitungen (z. B. Abstracts), Vorträge, Lehrgespräche, Präsentationen, Dokumentarfilme, Mind-Mapping, Korrespondenzen über Protokolle, Aktennotizen, Mailverkehr etc.

Die Differenzierung der Handlungsformen unterstreicht, in welch hohem Maße von allen in der Aus- und Weiterbildung tätigen Personen Methoden-Expertise erwartet wird. Dies beinhaltet neben der klassischen Lehrtätigkeit ein hohes Niveau bei der Realisierung von kommunikativen Standardsituationen wie Informieren, Moderieren, Interessenvertretung usw. Bei der Gestaltung von Lehr-/Lernprozessen steht somit die Aktivierung, Mitwirkung und Dialogizität aller Akteure im Vordergrund. Dieser Fakt muss von Auftraggebern und Vorgesetzten mit ausgeprägtem Führungsanspruch insbesondere bei Coachings, Trainings und Mentorings akzeptiert werden. Denn nur wenn die Mitwirkenden bei sich selbst Autonomie und Kompetenz erleben, sichert das die Identifikation, Motivation und Loyalität von Angestellten in Unternehmen und Organisationen. Die Befürchtung der Kompetenzüberschreitung von Untergebenen besteht erfahrungsgemäß nur dort, wo seitens der Auftraggeber ein nicht mehr zeitgemäßes Menschenbild („homo oeconomicus“) herrscht (Kirchler, 2008, S. 28). Effektive Personalentwicklung ist demgegenüber nur dann zu erwarten, wenn auch Arbeiter und Angestellte Erfahrungen der Eigenverantwortung, Kompetenzentwicklung und Selbstwirksamkeit machen.

Die immer ausdifferenziertere Situativität und Komplexität der Berufspraxis – in den letzten Jahren forciert durch die Prozesse der Digitalisierung und Virtualisierung – haben schließlich zu einer „Entfachlichung“ geführt, die sich im Aus- und Weiterbildungssystem seit Jahren in der Hinwendung zum „Lernfeldansatz“ zeigt. Damit ging eine Fokussierung auf die vielfältigen Kompetenzen einher, die in typischen beruflichen Situationen oft gleichzeitig abverlangt werden. Es kommt dadurch zu einer weiteren Aufwertung des didaktischen Prinzips der Handlungs- und Erfahrungsorientierung. Doch stehen die gegenwärtigen Mediensozialisations- und die Virtualisierungstendenzen nicht im Widerspruch zu den eingangs zitierten dialogischen und selbstreflexiven Idealvorstellungen in der Aus- und Weiterbildung? Im nächsten Abschnitt zeigt sich, dass der Jugend- und Erwachsenenbildung bei der Beantwortung dieser Frage eine wichtige Rolle zukommt.

1.2 Zur Mediensozialisation des Gegenwartsmenschen

Die Frage, in welchem Grade insbesondere filmische Medien sozialisatorischen Einfluss ausüben, ist seit Jahrzehnten immer wieder Gegenstand sozialwissenschaftlicher Forschung. Dass ein zunehmender Einfluss besteht, ist unumstritten. Das Medienformat Video ist bei Schülerinnen und Schülern nicht nur für die Unterhaltung sondern auch als Hausaufgaben- und Prüfungsvorbereitung gegenwärtig stärker präsent als textliche Ressourcen (Vgl. Studie des Rates für Kulturelle Bildung 2019). Vielleicht hängt diese Beliebtheit mit der dualen Kodierung der dargebotenen Informationen zusammen. Informationen in Filmen werden nachgewiesenermaßen besser erinnert, wenn sie sowohl sprachlich als auch bildhaft im Gedächtnis verarbeitet und gespeichert werden können (Vgl. Paivio 1986).

In der Sozialisationstheorie werden Medien seit langem als „vierte Sozialisationsinstanz" anerkannt. Brisant werden die Fragen diskutiert, ob der digitale Medienmix, dem der Gegenwartsmensch ausgesetzt ist, eine eher positive oder negative Wirkung auf seine Entwicklung ausübt; ob es bestimmte Medien oder Mediennutzungsverhalten gibt, die für die kindliche bzw. jugendliche Gesundheit schädlich sind und inwieweit auch in demokratisch verfassten Gesellschaften Medienmanipulation oder gar -propaganda vorkommen. Insbesondere die Schulpädagogik arbeitet in den letzten Jahren verstärkt an Konzepten, die Vermittlung von Text-, Bild- und Filmliterarität als interdisziplinäre

Herausforderung zu verstehen, um Lernenden gezielte, kognitive Anregungen zur Verarbeitung ihrer ästhetischen Wahrnehmung zu liefern (Vgl. Hoppe/Vorst/Weißenburger 2017).

1.2.1 Medienkonsum statt Medienrezeption – Medien als manipulatives Werkzeug von Wirtschaft und Politik?

Massenmedien (Internet, Rundfunk, Fernsehen, Presse) gelten als wichtigste Informationsquellen der Gegenwart. Allen medialen Hervorbringungen ist auch bei informativen Textsorten, Bildern oder Filmgattungen gemeinsam, dass es sich bei den vermeintlichen Fakten stets um aufbereitete und selektierte Informationen aus zweiter Hand handelt. Wenn Medienschaffende wissentlich Fehlinformationen verbreiten, spricht man von Medienmanipulation. Der Deutsche Presserat verpflichtet diesbezüglich Journalisten über den „Pressekodex" zur Wahrhaftigkeit. Doch verfügen alle Medienschaffende und Rezipienten über ausreichende Medienkompetenz, um Informationen kritisch zu verarbeiten und etwaige Anzeichen von Manipulationen zu erkennen?

Der US-amerikanische Linguist Noam Chomsky entwickelte zusammen mit Edward S. Herman das sogenannte „Propagandamodell". Dieses beschreibt die Einflussnahme der Massenmedien auf verschiedene Gesellschafts- und Interessengruppen. Die Autoren gehen davon aus, Unternehmen und Politik bedienten sich der Medien, um manipulativ auf die Bevölkerung zu wirken. Auch in Demokratien werde der Journalismus laut Chomsky soweit determiniert, dass hauptsächlich die Oberschicht, Unternehmen oder die Regierung einen Nutzen daraus ziehen. Die Bevölkerung laufe Gefahr, durch Fehlinformationen entmündigt zu werden (Chomsky 2006, S. 35).

Im erwähnten Modell wird die Existenz von „Nachrichtenfiltern" angenommen, die die Aufgabe haben, bestimmte Nachrichten bzw. Informationen aus den Medien fernzuhalten (Achbar 1996, S. 51 ff.).

Im ersten Filter geht es um die Orientierung der Besitzer bzw. Eigentümer von Medien. Chomsky behauptet, dass die Eigentümer von Medien ihre eigenen Interessen und ihre Profitorientierung in den Vordergrund stellen und somit Informationen gezielt für ihre eigenen Zwecke herausgeben. Dabei handele es sich hauptsächlich um Eigentümer von überregionalen Medienanstalten, die durch ihren Einfluss die Macht haben, Themen zu determinieren. Sind externe Firmen Geldgeber von Medienanstalten, werden Berichte mit unternehmenseigenem Inhalt positiv und euphemistisch dargestellt.

Der zweite Filter des Modells bezieht sich auf die Einnahmequellen der Medien. Gezielte Werbeauftritte stellen wichtige Einnahmequellen für die Eigentümer von Medienanstalten dar. Daher werden etwa widersprüchliche Themen nicht angesprochen, um Rezipienten bzw. potenzielle Konsumenten nicht zu verunsichern. Private Medienanstalten werden hauptsächlich durch Werbung finanziert und seien darauf angewiesen, ihre Sponsoren nicht durch kritische Berichte über sie oder ihre Interessen zu verprellen. So werden etwa Berichte über Waffenexporte meist nicht ausgestrahlt, wenn ein Sponsor ein Rüstungskonzern ist.

Drittens werden nach Herman und Chomsky Informationen in den Medienanstalten ökonomisch gefiltert. Zwar werde zum Teil auch über Missstände in der Regierung oder in der Wirtschaft berichtet, dabei werde jedoch verdeckt, dass die Medien vor allem Informationen verarbeiten, die ihnen von Vertretern der Regierung oder der Wirtschaft geliefert werden. Informationen gelangen dadurch nur wenn sie von letztgenannten als medientauglich eingestuft werden zu den Rezipienten. Somit werde auch auf diese Weise das öffentliche Bewusstsein begrenzt.

Der vierte Filter geht auf Sanktionen ein, die aktiviert werden, wenn Kritik an Unternehmen oder Politik veröffentlicht werden soll. So müssten Journalisten mit Ablehnung ihrer Beiträge oder juristischen Querelen rechnen. Freie, unabhängige journalistische Arbeit werde auf diese Weise behindert.

> „So sehen wir immer wieder, dass der Konformismus den Weg ebnet, der zu Privilegien und Ansehen führt, während abweichende Haltungen auch in einer Gesellschaft, die keine Todesschwadronen, psychiatrischen Gefängnisse oder Vernichtungslager kennt, sanktioniert werden." (Chomsky, 2006, S. 65)

Anhand des Propagandamodells wird deutlich, wie Mediennutzer mehrheitlich Inhalte rezipieren, die von Unternehmen und medialen Institutionen ausgewählt wurden, um das durch sie intendierte Bild der Gesellschaft sowie der Wirtschaft zu verbreiten. Die Medien erscheinen vereinfacht gesagt als ein Instrument der „Reichen und Mächtigen". Die Produzenten von Information (Journalisten, Autoren, sonstige Medienschaffende) haben nur begrenzte Möglichkeiten sich ihren Geldgebern zu entziehen, um unabhängig Recherche zu betreiben. Die Mehrzahl der Rezipienten werde demnach durch den beschriebenen Prozess der mehrfachen Filterung manipuliert.

Selbst wenn man annimmt, dass Chomskys Propagandamodell auf die deutsche Gegenwartsgesellschaft, die stark vom öffentlich-rechtlichen Rundfunk und zunehmend von einer unüberschaubaren Schar nichtprofessioneller oder nebenberuflicher „Influencer" geprägt ist, nicht mehr aktuell ist und man davon ausgeht, die skizzierten Mechanismen träfen allenfalls eingeschränkt zu, sollte sich insbesondere für die politische Jugend- und Erwachsenenbildung die Herausforderung ergeben, methodische Arrangements zu verfolgen, durch welche die subjektive Mediennutzung in Hinblick auf Informationsselektion, einseitige Marketingorientierung und stereotype Deutungsmuster reflektiert werden kann (siehe Veranstaltungskonzepte unter 2.1, 2.6. u. 2.8).

1.2.2 Film und Video als Medien mit hohem Virtualisierungsgrad

Filme und Lernvideos erfreuen sich inzwischen in vielen Veranstaltungen der Aus- und Weiterbildung großer Beliebtheit. Laut des 2019 abgeschlossenen Forschungsprojekts „Berufsschule Digital“ nutzten sogar mehr als die Hälfte der befragten Lehrpersonen Lernvideos für die Unterrichtsdurchführung. Durchschnittlich waren es 70 Prozent. Es handelte sich somit neben der Internetrecherche (84 %) und dem Interactive Whiteboard (46 %) um die am häufigsten genutzte mediale Anwendung (Breiter 2020, S. 129).

Wenn man mediale Formen nach ihren typischen Strukturelementen in einer tabellarischen Synopsis gegenüberstellt, wird deutlich: Theater, Film und Virtual Reality-Arrangements weisen den höchsten Grad der Virtualisierung bzw. Wirklichkeitsnachahmung auf. Dies ist insofern einleuchtend, da in diesen Medien auf sämtliche informelle Kodes zurückgegriffen werden kann, die in den traditionellen Kunstsparten getrennt waren. Das bedeutet, die komplexen Parameter von Sprache, Musik und Bild, wie etwa diverse Klang- und Handlungselemente sowie grafische Parameter, wirken simultan zusammen. Bei der Rezeption kann somit eine Kunstwirklichkeit entstehen, die nicht immer als solche erkannt wird – zum Einen, weil das Medium nicht ausschließlich zu künstlerischen Zwecken sondern ebenso für politische, pädagogische und ökonomische Funktionen genutzt wird.

Ästhetische Medien/ Virtualisierungsgrad	Mündliche Sprache	Musik	Köperbewegung	Bild	Schrift/ Symbol
Kleinste Gestaltparameter/ informelle Kodes (Semen)	Lautstärke, Tempo, Klangfarbe, Tondauer, Tonhöhe etc.	Lautstärke, Tempo, Klangfarbe, Tondauer, Frequenz etc.	Position, Richtung, Tempo, Dynamik, Dauer etc.	Punkte, Linien, Fläche, Schraffur, Kontur, Duktus, Helligkeit, Farbton etc.	Punkte, Linien, Fläche, Schraffur, Kontur, Duktus, Helligkeit, Farbton etc.
Exemplarische bedeutungstragende Strukturelemente	Satz, Rede, Textsorte etc.	Motiv, Phrase, Akkord	Gebärde, Pose, Mimik	Gestalt, Figur, Motiv	Wortgruppe, Satz, Vers, Rede, Passus etc.
Artefakte und mediale Ausdrucksformen, z. T. inter- und multimedial	Gedicht, Rede, Vortrag, Hörspiel, Happening, Video, Virtual Reality-Konstrukte etc.	Sinfonie, Lied, Song, Hörspiel, Happening, Video, Virtual Reality-Konstrukte etc.	Ballett, Tanz, Theater, Musical, Comic, Happening, Video, Virtual Reality-Konstrukte etc.	Collage, Plakat, Gemälde, Grafik, Skizze, Foto, Comic, Happening, Video, Virtual Reality-Konstrukte etc.	Sachtexte/ Belletristik, Comic, Plakat, Happening, Video, Virtual Reality-Konstrukte etc.

Zum Anderen ist es der Grad an medialer Kompetenz, der darüber entscheidet, ob Rezipienten in der Lage sind, Artefakte mit angemessener Distanz zu interpretieren oder ob Individuen in Gefahr stehen, etwa Filme, Videospiele oder Virtual Reality (VR) mit der Realität zu verwechseln oder mediales Suchtverhalten zu entwickeln. Die filmische Konstruktion erscheint bei Dokumentarfilmen insofern als real, als dass der Anspruch der Gattung dem Wesen dokumentarischer Kunst entspricht: nämlich objektive Wirklichkeit in Ausschnitten wiederzugeben. Doch bekanntlich werden nicht nur Dokumentarfilme geschaut und Filme erscheinen heute vor dem Hintergrund der innovativen VR-Anwendungen eher als ein klassisches Medium, das nicht in erster Linie dazu verwendet wird, technologiebasiertes Lernen anzustoßen (Vgl. Zinn 2020).

Bei Kindern und Jugendlichen mit einer Mediensucht werden häufig gleichzeitig auftretende Störungen wie ADHS, Depressionen oder Angststörungen diagnostiziert. Uneinigkeit bzw. Unentschiedenheit besteht bei Medizinern, Psychotherapeuten und Neurobiologen allerdings häufig bei der Frage nach der Ursache: Ist die Mediensucht nur eine Begleiterscheinung einer bereits vorhandenen Störung oder verursacht der exzessive Medienkonsum die genannten Erkrankungen? Die Medienwirkungsforschung der letzten zwanzig Jahre legt nahe, dass ein unkontrollierter Medienkonsum im Vorschulalter ausreichen kann, um diverse Negativfolgen, wie etwa Fernseher- und Computersucht, Aufmerksamkeits- und Kreativitätsdefizite, zu erzeugen (Hoffmann/Hüther 2012, S. 14f.). Präventiv wirke ein starkes soziales Umfeld, das beim interaktiven Umgang mit Medien unterstützt und die Beschäftigung mit anderen Aktivitäten außerhalb der Medienwelt. An dieser Stelle ist eine verstärkte erwachsenenbildnerische bzw. medienpädagogische Arbeit mit Eltern und Erziehern gefragt.

2 Videobasiertes Lernen am Beispiel verschiedener filmischer Gattungen und exemplarischer Formate

Die jugend- und erwachsenendidaktische Forschung hat seit langem bestimmte Regeln für den Methodeneinsatz herausgearbeitet, die ebenso für videobasiertes Lehren und Lernen Geltung tragen:

- Der Methodeneinsatz sollte erst dann geplant werden, wenn die jeweiligen Lehrziele und im Idealfall auch die Lernziele der Teilnehmenden klar sind.
- Die jeweilige Methode sollte in ihrem Ablauf so einfach und nachvollziehbar wie möglich gestaltet werden.
- Das methodische Vorgehen sollte vor der Anwendung kurz erklärt werden.
- Methoden sind kein starres Instrument, sondern ein Mitwirkungs- und Gestaltungsangebot für die Teilnehmenden (Vgl. Knoll 2007).

Die Mitwirkungs- und Gestaltungsangebote, also die Interaktionsmöglichkeiten, verdienen beim videobasierten Lernen eine besonders sorgfältige Vorbereitung. Denn bereits die Mediendidaktik der 1970er Jahre hat auf eine charakteristische Problematik audiovisueller Medien aufmerksam gemacht: Sowohl Lehrpersonen als auch Lernende stehen in der Tendenz, durch die Rezeption und den Umgang mit der Technik in eine passive Rolle gedrängt zu werden. Diese Problematik der filmischen bzw. audiovisuellen Medien ergibt sich nicht nur aus der Verarbeitung ihrer komplexen zeichenhaften Struktur. Scheinbare Nebensächlichkeiten, die der Medieneinsatz mit sich bringt, können Lehrveranstaltungen negativ beeinträchtigen, wie etwa ungünstige Raum- und Lichtverhältnisse, Funktionalität von Präsentationsgeräten oder unklare Zielorientierung (Bachmair 1975, S. 31–37).

Ein wichtiger Faktor ist zudem, welche kulturell geprägte Erwartungshaltung Rezipienten gegenüber einer filmischen Gattung mitbringen. Diese Einstellung ergibt sich aus unterschiedlichen filmischen Rezeptionserfahrungen und sich daraus ableitenden gattungsbezogenen Präferenzen. Sie prägt das Wahrnehmungsinteresse und das ästhetische Urteil entscheidend. Es ist in diesem Zusammenhang eine aufschlussreiche Erkenntnis, dass Videos und Filme erst nach dem abgeschlossenen Rezeptionsprozess einer bestimmten Gattung zugeordnet werden.

> „Welchem Genre ein Film zugerechnet wird, entscheidet sich letztlich erst durch die Aufnahme beim Publikum, also mehr oder weniger lange nach seiner Produktion – und dies nicht zuletzt durch die informellen und öffentlichen Wege der Kommunikation über das Produkt. Die Dimension der Aushandlung von Genrekontrakten spielt sich vor allem hier, auf der Ebene der rezeptiven Auseinandersetzung ab,

> wie sehr Produzenten und Macher auf diesen Prozess auch Einfluss zu nehmen versuchen mögen." (Keppler, Seel 2002, S. 65)

In Lerngruppen kann somit schon der Akt einer solchen Zuordnung zum Anlass des Lernens werden, etwa wenn für die Interpretation eines Films die Frage entscheidend ist, ob es sich um ein dokumentarisches oder fiktionales Produkt handelt. Jeder Film, gleich welchen Genres, kann zu einem Dokument werden, um etwa die Mentalität einer Zeit zum Gegenstand der Betrachtung werden zu lassen. Auch dafür ist die Rezeptionshaltung ausschlaggebend. Wegen dieser rezeptionsästhetischen Eigengesetzlichkeit ist es für die pädagogische Praxis hilfreich, sich die idealtypischen Grundformen filmischer Gattungen zu vergegenwärtigen. Durch die kulturbedingte Existenz bestimmter Stilregeln lassen sich Abweichungen oder Brechungen bestimmter idealtypischer Muster erkennen, Mischformen ausmachen und verschiedene Qualitätskriterien ermitteln.

Als traditionell etabliert gilt in der Filmtheorie – analog der Literaturtheorie – die grundsätzliche Unterscheidung von fiktionalen und nichtfiktionalen bzw. dokumentarischen Artefakten. Zu den Formen des dokumentarischen Films zählen nach dieser großzügigen Einteilung etwa Features, Reportagen, aber auch Erklärfilme und Tutorials. Es wird angenommen, dass in diesen Formen auf Ereignisse, Prozesse oder Zustände der Wirklichkeit Bezug genommen wird, die auch ohne die Anwesenheit der Kamera existiert hätten. Als fiktionale Filme werden hingegen alle sogenannten Spielfilme bezeichnet, die inhaltlich keinen unmittelbaren Wirklichkeitsbezug aufweisen und oft nach bestimmten Unterhaltungsfunktionen bzw. dramaturgischen Mustern klassifiziert werden, so z. B. Heimatfilm, Fantasyfilm, Krimi-, Thriller-, Horrorfilm, Seifenoper/Soap etc.

Schließlich existieren Mischformen wie etwa das Dokumentarspiel, durch welches versucht wird, eine wahre Geschichte an Originalorten nachzustellen. Werbe- und Propagandafilme nehmen ebenfalls eine Zwischenstellung ein, weil sie auf eine Manipulation der Wirklichkeit zielen, indem sie einen dokumentarischen Anschein erzeugen. Andererseits können auch fiktionale Filme auf realen Ereignissen beruhen und das Kriterium der Authentizität scheint spätestens seit der Etablierung des Dokumentarischen Theaters in den 1960er Jahren als häufig anzutreffendes Qualitätskriterium der Theater- und Filmkunst zu gelten. Gegenwärtig wird in der Filmtheorie das Phänomen der Mischformen als „Gattungshybriden" diskutiert (Vgl. Mundhenke 2017).

Für Moderatoren und Lehrkräfte ergeben sich aus dieser vielfältigen gattungsbezogenen Ausdifferenzierung gewisse Herausforderungen beim Rückgriff auf filmische Produkte. Denn erstens ist für die Konkretisierung der Lehrziele relevant, zu welchem Zweck der Film gezeigt werden soll. Handelt es sich um eine Wiederholung oder Illustration dessen, was bereits diskursiv oder auf anderem Wege erschlossen wurde oder fungiert der Film etwa am Anfang einer Veranstaltung als „Problemöffner"? Zweitens sollte das Lehrziel, das durch die Leitung mit der Wahl einer Filmgattung angestrebt wird, der Lerngruppe offengelegt werden.

Diese Transparenz ermöglicht es, Leitung und Teilnehmenden über die Ambivalenz von Lehr- und Lernzielen in einen Dialog zu treten. Für einen Film, der als „Kunstwerk“ rezipiert wird, ist diese Ergebnisoffenheit besonders wichtig, weil sonst spannende Neuinterpretationen didaktisch verhindert werden.

Um für die Veranstaltungsplanung methodische Anregungen zu gewinnen, werden im Folgenden einige Modelle skizziert, die natürlich je nach verfolgten Zielen, Teilnehmervoraussetzungen und Rahmenbedingungen zu konkretisieren und zu variieren sind. Videobasiertes Lernen findet in diesen Settings stets in einem interaktionalen Prozess statt. Denn kollektive Lernsituationen bieten für die Aneignung von Schlüsselqualifikationen einen zwischenmenschlichen Mehrwert, den die individuelle Beschäftigung mit den verschiedenen Videoformaten nicht aufweist: Interaktionsfähigkeit, Teamfähigkeit und interkulturelles Lernen werden gefördert.

2.1 Die Wirklichkeit verstehen – Nutzung von Dokumentarfilmen, Tutorials und Erklärvideos

Gattungsbezogene Vorbemerkung:

Dokumentarfilme, aber auch Tutorials und Erklärvideos erfreuen sich in nahezu allen Bildungseinrichtungen zunehmender Beliebtheit. Ihrem Einsatz haftet der Zauber von Neutralität und objektiver Wissensvermittlung an. Tatsächlich scheinen diese

Filmgattungen in ihrer Wirkungsabsicht hauptsächlich der reinen Informationsvermittlung zu dienen, was für viele Lehrkräfte eine Entlastung verspricht. Man meint, die eigene Vortragsaktivität durch ihren Einsatz reduzieren zu können. Doch mit dieser Einstellung wird das eigentliche Lernpotenzial verspielt, das sich aus den Differenzerfahrungen im Rahmen einer kollektiven Rezeptionssituation ableitet und in der folgenden Lehrziel-Auflistung deutlich wird.

Mögliche Lehrziele:

- Deutungsmuster und Differenzen in der Rezeption durch unterschiedliche Vorerfahrungen bewusstmachen
- Faktizität der Gattung Dokumentarfilm hinterfragen
- sich einem Thema über filmische Dokumentation nähern
- kollektives Lernen ermöglichen, das bei nur individueller Rezeption nicht realisiert werden könnte

Durchführung:

Die Teilnehmer sollten auf den Film vorbereitet werden, damit die Konzentration auf die wesentlichen Inhalte erleichtert werden kann. Dafür bieten sich folgende Möglichkeiten an:

- Fragen oder Lernzielformulierungen der Teilnehmer werden diskutiert und festgehalten und können mit bestimmten Beobachtungsaufgaben während der Rezeption verbunden werden

- eventuell nennt auch die Lehrperson explizite Lehrziele, die sie mit der Filmvorführung erreichen will und stellt Beziehungen zu bisher behandelten Inhalten her
- wesentliche thematische oder inhaltliche Gliederungspunkte des Dokus werden vor der Vorführung möglichst visualisiert
- zu wichtigen Begriffen, Hintergründen, Darstellungsformen oder Prozessen des Films oder des Filmemachers werden ggf. zusätzliche Informationen zur Verfügung gestellt

Der Film wird in ganzer Länge oder als Ausschnitt vorgeführt. Danach können die Beiträge der Teilnehmenden zu den genannten Beobachtungsaufträgen erfragt und festgehalten werden (Plenum).

Rahmenbedingungen:

Akteure des Berufsbildungssystems haben oft eine Vorliebe für bewährte Anleitungs- und Übungskonzepte. Dokumentarfilme, Tutorials und Erklärvideos lassen sich auch als Auftakt für Praxisbegleitendes Lernen (PBL) nutzen, um bestimmte Arbeitsschritte und Fertigkeiten instruktional einzuüben. Hierbei dient der Film zur Problemerfassung und Hypothesenbildung sowie zu anschließenden Selbstversuchen, welche den Kompetenz- bzw. Fertigkeitserwerb begünstigen (vgl. http://methodenpool.uni-koeln.de/download/pbl.pdf).

Hinweise für die Leiterin oder den Leiter:

Bei komplexen Filmen mit hohem Informationsgehalt oder vielen Details sollte überlegt werden, ob der Film in ganzer Länge, mit Unterbrechungen oder nur in Teilen präsentiert wird. Man kann besonders wichtige Filmteile auch mehrmals vorspielen, um die Wahrnehmung für bestimmte Aspekte zu schärfen. Eine bewährte Variante ist außerdem, den Film bei einer markanten Szene anzuhalten, um Vermutungen über den weiteren Verlauf einzuholen. Der Vergleich zwischen den Äußerungen und dem tatsächlichen Verlauf birgt bisweilen Überraschungen und Lerneffekte.

Weiterarbeit:

Die Leitung sollte für die Ergebnissicherung geeignetes Material vorbereiten und methodische Hilfestellung geben (tabellarische Zusammenfassung, Arbeitsblätter, Strukturlegetechnik, Mindmapping etc.). Bei der Auseinandersetzung mit dem Filmmaterial können ggf. Experten, Zeitzeugen oder dokumentarische Gegendarstellungen hinzugezogen werden, um das narrative Konstrukt bzw. die Authentizität des Dokumentarischen zu verstärken oder zu hinterfragen.

Teilnehmende können Notizen, Mitschriften, Beobachtungsergebnisse am Ende schriftlich zusammenfassen und anschließend der Lerngruppe präsentieren. Fragen, die dabei beantwortet werden, könnten sein, welche neuen Erkenntnisse sich aus dem Film ergeben haben, ob wichtige Aspekte unbehandelt blieben, wie der Film gestalterisch gelungen ist oder inwiefern der Film trotz seines dokumentarischen Anspruchs eine bestimmte Ideologie transportiert.

Cartoon 1

Und nun die Nachrichten, die Sie immer hören wollten.
MEINSTREAM STATT MAINSTREAM

2.2 Kunst und Film – Figur- und Stilanalysen bei Kurz- und Spielfilmen

Gattungsbezogene Vorbemerkung:

Drehbuchautoren und Filmemacher zielen in der Regel hauptsächlich auf die gattungsspezifische Unterhaltungsfunktion dieses Mediums ab. Gleichwohl wird „Unterhaltung“ oft noch durch andere Wirkungsabsichten flankiert, wie etwa soziale Beziehungen am Beispiel von Figuren moralisch oder ästhetisch zu hinterfragen oder gesellschaftliche Problemlagen anhand eines dramatischen Verlaufs deutlich werden zu lassen. Hieraus ergibt sich ein enorm breites Lernpotenzial, das mit der Steigerung von sozialer, politischer und ästhetischer Kompetenz umrissen werden kann.

Mögliche Lehrziele:

- Qualitäten des Films, die die Lehrperson wahrgenommen hat, mit den Interpretationen der Teilnehmenden vergleichen
- Infragestellung der eigenen Identifikationen und Deutungsmuster im Hinblick auf Figuren, Handlungsmuster, Lebensphilosophien usw.
- kunstspartenübergreifendes Arbeiten (z. B. Filmausschnitte als Vorlage für bildnerische oder zeichnerische Reaktionen, Dialoge aus dem Film sprachlich analysieren oder literarisch aufgreifen etc.)

- Wirkung der Gestaltungsparameter des Film bewusst machen (z. B. Dialog, Motive, Kameraeinstellung und -perspektive, Geräusche, Musik)

Durchführung:

Filme als Kunstwerk zu rezipieren, bedeutet stets ein „Abenteuer“ mit ungewissem Ausgang. Es ist absolut nicht vorhersehbar, wie die Teilnehmenden den Film und die eventuell darin dargestellte Geschichte oder Figuren wahrnehmen. Die Offenheit dieser Frage sollte methodisch nicht nur zugelassen, sondern aktiv unterstützt werden.

Eine Möglichkeit ist, die subjektiven Gedanken und Gefühle zu sichern, indem unmittelbar nach dem Film zu individuellen Rezeptionshandlungen eingeladen wird. Kreative Einzelarbeit – z. B. in Form einer „Antwort“ auf den Film oder Filmausschnitt in Form eines fiktiven Briefes an den Regisseur oder an eine vorkommende Figur – kann zu Beginn förderlich sein, um individuelle Zugänge zu fördern.

Eine weitere Möglichkeit besteht darin, Szeneninhalte genauer zu betrachten. Teilnehmende werden aufgefordert, sich zu bestimmten Sequenzen hinsichtlich auffälliger Gestaltparameter (Figurensprache, Musik, Geräusche, Bildfolge, Kameraführung etc.) Notizen zu machen. Dazu kann ein entsprechend vorbereitetes Beobachtungsblatt ausgefüllt werden, wobei man sich darüber klar sein sollte, dass Teilnehmende bei diesem analytischen

Herangehen in ihren Wahrnehmungen stark in eine durch die Lehrperson vorgesehene Richtung gelenkt werden.

In einem zweiten Schritt sollten die verschiedenen Wahrnehmungen moderierend ausgetauscht werden. Dabei kann neben dem Vergleich der Notizen etwa die „Ampelmethode“ (Methodenbeschreibung siehe z. B. unter https://www.zhl.dhbw.de/...) hilfreich sein, um die Vielfalt und Widersprüchlichkeit von Einschätzungen in der Lerngruppe deutlich werden zu lassen. Oft werden zuerst nur Wertungen oder Assoziationen verbalisiert. Es ist dann Gelegenheit, dass die Moderation fragt, welche Wahrnehmungen, Gestaltparameter oder dramaturgischen Mittel zu dieser Einschätzung beigetragen haben. Spannende Impulse ergeben sich aus alternativen Interpretationen, die keinesfalls gewertet werden sollten. Falls Filmschaffende sich zu ihren Intentionen geäußert haben, kann es aufschlussreich sein, diese Wirkungsabsicht mit den tatsächlichen Reaktionen bei den Teilnehmenden in den Dialog einzubeziehen. Weitere Fragen könnten sein:

> „Wie schätzen Sie den Realitätsbezug des Filmes ein?“
>
> „Welche Elemente des Films waren für Sie besonders überraschend, merkwürdig, aufregend …“
>
> „Welche Figuren, Stilmittel, dramaturgischen Elemente des Films haben Sie besonders beeindruckt? Woran lag das?“

„Vergleichen Sie Ihren ersten Eindruck mit den Zitaten des Regisseurs X und des Drehbuchautors Y zum Film. Was stellen Sie fest?“

Rahmenbedingungen:

Wenn alle Teilnehmenden zu Wort kommen sollen, empfiehlt sich eine Gruppengröße von nicht mehr als zwölf Akteuren, alternativ Kleingruppenarbeit zu den o. g. Fragestellungen.

Hinweise für die Leiterin oder den Leiter:

Falls der Film Irritationen oder Negativgefühle evoziert, sollte dies auch zugelassen und nicht einfach wegmoderiert werden. Um in den Augen der Teilnehmenden nicht zum Meinungsmacher in Bezug auf die Interpretation zu werden, ist es hilfreich, die Regeln der Moderation streng einzuhalten und sich abzeichnende Mehrheitsmeinungen zu hinterfragen (vgl. Graeßner 2013).

Weiterarbeit:

Filmausschnitte mehrmals zu zeigen, verändert Wahrnehmungen. Die Aufmerksamkeit kann auf bestimmte Gestaltungsparameter (Text- oder Hintergrundmusikstrukturen, Kameraperspektiven, Schnitttechnik etc.) gelenkt werden. Ein Filmausschnitt kann etwa mit geschlossenen Augen rezipiert werden, um akustische Signale deutlicher wahrzunehmen.

Bei Filmen mit künstlerischem Anspruch bietet sich vor dem verbalen Austausch vielleicht eine kreative Reaktion der Lerngruppe an. Ein bildnerisches Projekt könnte sein, innere Portraits i. S. einer Sichtbarmachung der seelischen Natur der Hauptfigur zu entwerfen und diese in einer kleinen Ausstellung einer weiteren Öffentlichkeit zugänglich zu machen. Falls die Teilnehmer musikalisch ausdrucksfähig sind, könnte ein Filmmusikstück komponiert werden, was zusammen mit dem Film einem weiteren Publikum präsentiert wird.

Cartoon 2

2.3 Ein crossmedialer Ansatz – Literaturverfilmungen

Gattungsbezogene Vorbemerkung:

Die Literaturverfilmung bewegt sich als filmische Gattung im Spannungsfeld zwischen künstlerischer Freiheit der Drehbuchautoren und dem literarischen Original. Es wäre ein verkürzter Ansatz, zur „gelehrsamen Unterhaltung" etwa bloß den Grad der Übereinstimmung dieser beiden Artefakte zu thematisieren. Filme mit künstlerischem Anspruch können nicht allein vorgedachten Lehrzielen entsprechen. Abweichende Interpretationen sollten daher methodisch ermöglicht werden.

Mögliche Lehrziele:

- siehe 2.2
- ebenso Sensibilisierung für filmische Parameter wie z. B. Narration und Dramaturgie, audiovisuelle Gestaltung durch Kameraführung, Farbe und Licht, Tonebene, Schnitt und Montage

Durchführung:

Bei Literaturverfilmungen kann ein stimmungsvoller Rahmen zur ästhetischen Stimmigkeit beitragen. Die moderationstechnische Vorgehensweise ähnelt den Ausführungen unter 2.2. Jedoch wird häufig eine Schwerpunktsetzung durch den Vergleich zwischen literarischem Original und filmischer Umsetzung erfolgen.

Öffnende Fragen der Gesprächsleitung könnten sein:

„Mit welchen Eindrücken und Gefühlen haben Sie den Film gesehen?"

„Welche Themen, Probleme, Stereotype werden im Film aufgegriffen und wie werden Sie dargestellt?"

„Von welcher künstlerischen Intention scheint der Film bestimmt zu sein? Gibt es ein Motiv *hinter* dem (offensichtlichen) Motiv?"

„Welche Gemeinsamkeiten und Unterschiede zum literarischen Original haben Sie festgestellt?"

„Gab es Figuren, mit denen Sie sich besonders stark identifiziert haben? Woran lag das?"

„Welche Figuren fanden Sie in ihren Handlungen oder Einstellungen irritierend? Was hat diese Verwunderung bei Ihnen ausgelöst?"

„Welche formalen Gestaltungsmittel waren bei der filmischen Umsetzung besonders auffällig?"

Rahmenbedingungen:

Um nach dem Film und vor der eigentlichen Moderation einen intensiven Austausch über individuelle Wahrnehmungen zu gewährleisten, bietet es sich an, die Sitzordnung entsprechend zu gestalten. Die Methode „Innenkreis-Außenkreis" bzw. „Kugellager" hat sich dafür bewährt. Hierbei sitzen sich die Teilnehmenden gegenüber und tauschen sich zu filmbezogenen Fragen aus. Nach fünf Minuten erfolgt ein Platzwechsel des Innenkreises (z. B. rutscht jeder zwei Plätze nach links), nach weiteren fünf Minuten ein zweiter Platzwechsel des Außenkreises). Auf diese Weise kann jeder in kurzer Zeit viele erste Eindrücke und Erkenntnisse mit drei, vier Leuten austauschen. Damit es beim Austausch nicht zu laut wird, sollte die Teilnehmergruppe nicht zu groß sein (nicht mehr als 20 Leute).

Hinweise für die Leiterin oder den Leiter:

Es ist günstig, wenn Teilnehmende zu Beginn informiert werden, welches Ziel das Filmgespräch verfolgt und in welchen Schritten es ablaufen soll. Die Moderation sollte sich zudem an literaturgesprächsdidaktischen Ansätzen orientieren, die einerseits die Offenheit der filmischen bzw. literarischen Bedeutungskonstruktion im Bewusstsein haben und andererseits im interaktiven Auslegungsprozess eine Balance zwischen Werk- und Teilnehmerbezug anstreben. Der Modus der Gesprächsführung entspricht dabei idealerweise weder dem Plaudern noch dem Verkündigen sondern einem inhaltlich klärenden und teilnehmerorientierten Impulsgeben (vgl. https://www.die-bonn.de/doks/2011-fachdidaktik-01.pdf).

Weiterarbeit:

Literaturverfilmungen haben oft einen hohen ästhetischen Anspruch, daher könnte eine „literarische Reaktion" der Lerngruppe durchaus passend sein. So lassen sich etwa Briefe aus der Perspektive von Figuren schreiben und anschließend vergleichen. Ansonsten gilt auch hier, was unter 2.2 zu Kurz- und Spielfilmen ausgeführt wurde.

Cartoon 3

HIER STEHT: „PRAG – ALS GREGOR SAMSA AUS UNRUHIGEN TRÄUMEN ERWACHTE, FAND ER SICH ZU EINEM UNGEHEUREN UNGEZIEFER VERWANDELT." SO EIN QUATSCH, ODER?
LÜGEN-PRESSE!!
papan 21

2.4 „Ich ist ein anderer“ – interkulturelle Reportagen

Gattungsbezogene Vorbemerkung:

Migrantisch geprägte Milieus verändern die deutsche Gegenwartsgesellschaft, gleichzeitig verändern deutsche Werte und Normen Menschen mit Migrationshintergrund. Ein sensibles Bewusstsein für diese wichtigen Sozialisationsprozesse kann Toleranz, gegenseitigen Respekt und friedliches Zusammenleben fördern.

Mögliche Lehrziele:

- bisher unbekannte Problemlagen, Vorurteile, Rassismen, Deutungsmuster usw. erkennen
- interkulturelles Lernen für Personenkreise ermöglichen, die sonst wenig Berührung mit der vorgestellten Kultur haben

Durchführung:

1. Eröffnung
Spannung abbauen, Ziele der Veranstaltung benennen, zeitl. Orientierung geben.

Filmrezeption – mögliche Ansage: „Wir werden zunächst die Reportage über XY sehen. Danach wäre es schön, wenn wir zu einigen offenen Fragen in den Austausch kommen …"

2. Hauptteil

- Redebeiträge durch offene Fragestellungen provozieren (Was geht Ihnen gerade durch den Kopf? Warum hat Sie das Gesehene irritiert? Wie würden Sie sich in der dargestellten Situation verhalten?)
- Verstehendes Zuhören (Eingehen, Paraphrasieren und Weiterdenken von Äußerungen)
- ggf. immer wieder Bezug zum Gesehenen herstellen (Rekonstruktion des Plots, alternative kulturelle Werte, Narrative, Stilmerkmale, Zitate von Personen)
- Befunde zusammenfassen, ggf. Widersprüche benennen, Deutungsmuster vergleichen

3. Schluss
Feedback zum Verlauf einholen, z. B. „Mit welchem Gewinn gehen wir heute aus unserem Gespräch?"

Dank für den Austausch und ggf. Ausblick.

Rahmenbedingungen:

Interkulturelle Reflexionen können Teilnehmende in Bezug auf ihre eigene Kultur verunsichern. Lehrkräfte sollten deshalb bei diesem Thema vermeiden zu „schulmeistern", wozu sie ihr scheinbares Insiderwissen in Bezug auf eine bestimmte Kultur vielleicht verleiten könnte.

Hinweise für die Leiterin oder den Leiter:

Interkulturelle Reportagen dokumentieren Differenzerfahrungen. Diese häufig vorherrschende Intention der Filmemacher sollte durch eine entsprechende Moderation aufgegriffen werden. Hierbei können Kontraste und Widersprüche zur deutschen Kultur ebenso durch Identifikationsangebote ergänzt werden. Es kann etwa in einer Gruppe, die vorwiegend oder durchweg aus Deutschen besteht, ein Ziel sein, den Blick auf Gemeinsamkeiten mit der „Fremdkultur" zu lenken. Aber auch kulturelle Unterschiede, schichtenspezifische Interessen und Stereotype innerhalb der deutschen Gegenwartsgesellschaft können zum Thema werden (vgl. Witzlack-Makarevich/Wulff/Storz 2020).

Weiterarbeit:

Reizvoll ist, einen Perspektivenwechsel anzuregen. Die Teilnehmenden werden aufgefordert, das Gesehene aus der Perspektive einer anderen Figur zu erzählen oder sie auf die Situation in der eigenen Stadt, dem eigenen Land oder auf eine andere Kultur zu beziehen. Ebenso kann eine Dramatisierung in einem Rollenspiel lohnend sein, wenn etwa eine Schlüsselszene aus dem Film durch eine schauspielerische Form variiert und reflektiert wird.

Differenzerfahrungen und Solidarität, Pluralisierung und Diskriminierung sind in allen Gesellschaften in ihrem Neben- und Durcheinander eine unendliche Geschichte. Sobald die Basiskompetenzen von gegenseitiger Akzeptanz und Toleranz von den Teilnehmenden verinnerlicht sind, eröffnen sich viele weitere Themen, wie interkulturelle Kreativität, Länderkunde, Etikette, Kulturschock, Konfliktbewältigung usw.

Cartoon 4

2.5 Die Diskussion der Diskussion – Moderation kontroverser Themen

Gattungsbezogene Vorbemerkung:

Videos von Diskussionen oder Interviews stellen aus pädagogischer Sicht ein Medium dar, das sich sehr gut für verschiedene Bildungszwecke verwenden lässt. Es eignet sich besonders für die Popularisierung wenig bekannter oder für die Diskussion sehr strittiger Themen, zu denen sich häufig auch bestimmte Autoritäten oder Experten äußern. Außerdem ist es oft von Vorteil über ein Filmdokument in eine Debatte einzuführen, da so der jeweilige Moderator seine neutrale Position leichter wahren kann.

Die filmische Präsentation von Streitgesprächen, die Jahre oder gar Jahrzehnte zurückliegen, hat seinen besonderen Reiz. Bestimmte Themen werden als politischer oder wissenschaftlicher Dauerbrenner analysierbar und es können sich aufschlussreiche Erkenntnisse über gesellschaftliche Entwicklungen einstellen.

Mögliche Lehrziele:

- Meinungen und Argumente zu einem bestimmten gesellschaftspolitischen Thema kennenlernen und sich mit diesen auseinandersetzen
- Diskussionskultur üben

Durchführung:

Besonders bei kontroversen Themen, wie etwa Mobbing, Verschwörungstheorien oder „Fake News“ bietet es sich an, bestimmten Meinungen, für deren Äußerung vielleicht gleich zu Beginn ein Impuls besteht, Raum zu geben. Eine erste Befragung der Teilnehmenden kann bisweilen erstaunlich zurückhaltend verlaufen. Sobald durch den Film andere Diskutanten und Perspektiven auftauchen, kann sich die Stimmung hingegen sehr schnell verändern. Passende Fragen könnten dann sein:

> „Was würden Sie dem Herrn XY sagen wollen, wenn er heute hier tatsächlich bei uns wäre und diese Meinung, wie eben gesehen, vertritt? Er hat ja behauptet … Wie denken Sie darüber?“

> „Wenn Sie Ihre eigene Meinung mit dem Meinungsspektrum der Diskutanten vergleichen, was geht Ihnen dann durch den Kopf?“

> „Inwieweit können Sie die Gegenargumente nachvollziehen?“

> „Durch welche Argumente wird die Äußerung von Frau XY gestützt?“

„Gibt es eine Veränderung von Haltungen oder Erkenntnissen im Verlauf der Diskussion?"

„Wie würden Sie unser Diskussionsergebnis zusammenfassen?"

„Welche Fragen, Argumente oder Fakten sind bei dem Streitgespräch ausgeblendet worden bzw. sind noch offengeblieben?"

Rahmenbedingungen:

Um den Ansprüchen einer professionellen Moderation gerecht werden zu können, empfiehlt sich eine Gruppengröße von nicht mehr als zwölf Teilnehmenden. Jeder sollte Gelegenheit bekommen, sich an der Diskussion zu beteiligen, andererseits sollte das Gespräch nicht ausufern. Die Moderation hat ggf. höfliche Unterbrechungen vorzunehmen.

Hinweise für die Leiterin oder den Leiter:

Die Debatte kann bei der Wiederholung und Zuspitzung der diskursiven Positionen der Videosequenz ansetzen. Schon die korrekte Wiedergabe von Meinungen und Argumenten stellt hohe Anforderungen an den Moderator. Er hat nach der Positionierung der Teilnehmenden die Aufgabe, das Ergebnis der Auseinandersetzung möglichst objektiv und neutral zusammenzufassen und überraschende Wendungen oder Erkenntnisse aus der Diskussion darzustellen.

Weiterarbeit:

Der Diskussionsertrag kann bloß verbal formuliert werden, ergebnissichernd ist es stattdessen, wenn bewährte Visualisierungsmethoden eingesetzt werden, die eine Gelegenheit zur Präsentation oder Dokumentation schaffen, wie (digitale) „Pinnwand-", „Flipchart-" oder „Whiteboardmethode" (Hartmann et al., 2012, S. 103 ff.).

Cartoon 5

Man kann in Deutschland seine Meinung nicht mehr frei sagen!

2.6 Entzauberung der „Frohen Botschaft" – Analyse von Werbefilmen

Gattungsbezogene Vorbemerkung:

Werbefilmproduktionen entstehen hauptsächlich aus den ökonomischen Interessen ihrer Auftraggeber und werden professionell hergestellt. Dennoch verfügen sie über eine ästhetische und politische Dimension. Dies deuten allein Begriffsbildungen wie „Konsumästhetik" oder „Marketingcharakter" an. Werbefilme werden über das Fernsehen und zunehmend übers Internet ausgestrahlt. Rezipienten haben nicht immer die Möglichkeit sich der Rezeption zu entziehen.

Die komplexe Kombination visueller, auditiver, narrativer und sprachstilistischer Elemente in z. T. extrem kurzen filmischen Sequenzen ist ein charakteristisches Kennzeichen der Gattung. Auffällig sind semantische Kontextualisierungen wie Sexualisierung, Infantilisierung und Utopie. Andererseits gibt es auch Beispiele strikter Zielgruppenorientierung durch Milieupräferenzen und „Slang". Slogans werden professionell elaboriert, z. B. über Wortneuschöpfungen *Verwöhnaroma*, Metaphern *Red Bull verleiht Flügel*, Alliteration *Mars Macht Mobil*, Superlative *Milka – die Zarteste Versuchung*, Verkürzungen *Respekt wer's Selber macht*, Übertreibungen *Volksbank – Wir machen den Weg frei.*

Das sprachlich transportierte Narrativ wird in der Regel durch eine beeindruckende Bilderfolge und eine emotionale musikalische Untermalung ergänzt. Filmische Gestaltelemente, die analysiert werden können, sind die vorzufindenden Bildsequenzen und eventuellen Perspektivenwechsel. Dabei kann der Grad der Verankerung in idealisierten Bildern und mythologischen Traditionen aufschlussreich sein. Häufige Narrative sind etwa: Prüfung und glänzendes Bestehen, das Alte wird durch das Neue abgelöst, Bedrohung und Rettung, Abgrenzung und Zugehörigkeit, der Held und die Masse, Führer- und Gefolgschaft, Leidenschaft und Glück durch Erwerb und Besitz, Erlebnis und Genuss durch Konsum …

Mögliche Lehrziele:

- verschiedene Techniken der filmischen Gestaltung und Manipulation kennenlernen
- Wirkung filmischer Gestaltungsparameter analysieren und diskutieren
- durch kollektiven Austausch ein Bewusstsein für die eigene unbewussten Wahrnehmungen oder Stereotypen gewinnen

Durchführung:

Es eignet sich jeder beliebige Werbefilm, wenngleich innerhalb dieses Genres auf sehr vielfältige Gestaltungsmittel zurückgegriffen wird. Ein praktischer Vorteil der Gattung ist die Kürze der Filme. Damit lässt sich der einzelne Film in seiner formalen

Komplexität genauer untersuchen. Ein Arbeitsauftrag für eine Kleingruppe könnte lauten:

Schauen Sie sich den Film gemeinsam mehrmals an. Erstellen Sie zunächst eine Tabelle mit den entsprechenden Beobachtungsgrößen:

- Länge der Szene(n) oder Bildfolgen
- Kameraeinstellung – Totale, Halbtotale, nah, groß, Detail, scharf/unscharf, Kontrast – hell/dunkel, Kamerabewegung und Kameraperspektive (Normalsicht, Froschperspektive, Vogelperspektive)
- Montageformen: szenisch, erzählend, konstruktivistisch, vergleichend …
- Handlungs-, Inhalts- und Appellebene, soziale Identifikationsangebote für den Konsumenten, narrative oder mythologische Konstruktion …
- Sprache – innovative oder einprägsame Stilmittel, Texteinblendungen etc.
- Musik und Geräuschebene – Lautstärke, Rhythmus, (un)bekannte Melodie, Emotionalität, Dramatik

Einzel- oder Kleingruppenarbeit bietet sich an, um einzelne Parameter ein und desselben Filmes genauer zu untersuchen und differenzierte Aussagen zu gewinnen. Es hat sich aber auch bewährt, dass jede Gruppe einen anderen Werbefilm bearbeitet, um dadurch die Unterschiedlichkeit der Gestaltungsmöglichkeiten bzw. Manipulationstechniken herauszuarbeiten.

Rahmenbedingungen:

Teilnehmende verfügen oft nicht über die sprachlichen Termini, die zur genauen Beschreibung von eingesetzten filmischen Mitteln nötig sind. In diesem Fall ist es förderlich, vor der Durchführung der Filmanalysen diese Parameter anhand von bildlichem oder musikalischem Lehrmaterial vor der Analysearbeit zu verdeutlichen. Falls die Werbebotschaft eher über sprachliche Mittel transportiert wird, kann es sinnvoll sein, die Funktion sprachlicher Stilmittel zu vermitteln.

Hinweise für die Leiterin oder den Leiter:

Filmische Manipulation im Sinne einer bewussten Fälschung der Wirklichkeit nachzuweisen, hat bei Werbefilmen kaum etwas Spektakuläres an sich, da sie von uns Rezipienten in der Regel erwartet wird. Es macht daher Sinn, bei der Beschäftigung mit Werbefilmen weniger den Fokus auf das Was sondern mehr auf das Wie zu legen. Spannend ist dabei oft die Frage, wie sich die Wahrnehmung des Filmmaterials durch das mehrmalige oder analytische Anschauen verändert hat.

Weiterarbeit:

Falls bei der Durchführung die zweite Variante gewählt wird, kann es interessant sein, die Präsentation der Ergebnisse aus der Gruppenarbeit zu vergleichen. Hierbei ist die Moderation gefragt,

Gemeinsamkeiten und Unterschiede hinsichtlich der Ergebnisse und Arbeitsprozesse in den Gruppen ggf. zu hinterfragen und zusammenzufassen. Nach der Analysephase sollte stets Raum dafür gegeben werden, die unterschiedlichen subjektiven Wahrnehmungen der Werbebotschaft zu diskutieren. Die Vermittlung wissenschaftlicher Erkenntnisse zum Thema Medienmanipulation liegt ebenfalls nahe.

Cartoon 6

80 Zoll Bilddiagonale, UHD 4K,
Smart-TV, DVB-T2 HD und LEDTV,
wenn du weißt, was ich meine...
HILLEMANN

2.7 Erklärvideos – Produktion eigener Videofälle

Gattungsbezogene Vorbemerkung:

Da viele Laien an der Produktion und Veröffentlichung mitwirken, wird in der didaktischen Diskussion dieser relativ neuen Gattung häufig nach den Qualitätskriterien guter Filme gefragt. Die Beantwortung dieser Frage ist jedoch wie so oft abhängig von den verfolgten Zielen. Teilnehmende, die noch nie einen eigenen Film erstellt haben, werden im Erfolgserleben, dass überhaupt ein Film entstanden ist, vielleicht schon große Freude über einen Lernfortschritt beim Umgang mit Videotechnik empfinden. Erwachsenenbildner verfolgen mit dem Angebot der Videoproduktion womöglich das Ziel, die Kreativität und Selbststeuerung der Teilnehmenden als didaktische Idealvorstellungen umzusetzen. In diesem Fall werden die Kleingruppen selbst die Gütekriterien ihrer Filmproduktionen ausdiskutieren.

Mögliche Lehrziele:

- Teilnehmende in der Handhabung von Videotechnik schulen
- dramaturgische Aufbereitung von Themen ermöglichen
- Selbst- und Fremdwahrnehmung thematisieren
- handlungsorientierte Bewältigung schwieriger Situationen (z. B. aus der Berufspraxis) vor der Kamera üben

Durchführung:

Für die Filmerstellung zu einem kommunikativen Thema, z. B. Beschwerdebearbeitung im Kundendienst, hat sich folgende Aufgabenstellung bewährt:

Erstellen Sie in Vierer- oder Fünfergruppen zwei kurze Rollenspiele auf Video (Laufzeit jeweils ca. 5 Min.) aus Ihrer Berufspraxis. Es kann dabei im Wechsel ein schlechtes und ein gutes Beispiel gezeigt werden. Vergleichen Sie in der Gruppe die Aufzeichnungen nach kommunikativen Gesichtspunkten. Die Videos werden unmittelbar nach der Aufführung über den Beamer wieder gelöscht.

Verteilen Sie die Rollen so, dass möglichst jeder einmal im Video auftaucht (entweder als Kunde oder als Mitarbeiter). Zeit für Konzepterstellung und Aufnahme: ca. 45 Min.

Die Videos werden das nächste Mal vorgeführt und nach Realitäts- und Adressatenbezug, kommunikativen Strategien und Erkenntnisgewinn ausgewertet.

Rahmenbedingungen:

Es ist wichtig, sich auf Qualitätskriterien der Filmerstellung zu einigen und eine grundlegende Beherrschung der Aufnahmetechnik sicherzustellen. Bei der Beschäftigung mit naturwissenschaftlichen Themen können alternative Gütekriterien wichtig werden, wie z. B. Anschaulichkeit, Analogiebildung, Mathematisierungsgrad, Exkursvermeidung (Kulgemeyer 2020, S. 70–74).

Hinweise für die Leiterin oder den Leiter:

Die Moderation der Auswertung könnte sich auf folgende Fragen beziehen:

> „Wo traten bei der Umsetzung Schwierigkeiten auf?“
>
> „Gab es unterschiedliche Meinungen im Prozess der Themenfindung oder Rollenverteilung?“
>
> „Der Aspekt XY wurde in Ihrem Film sehr ausgiebig behandelt. Warum?“
>
> „In welchem Maße stimmt die filmische Umsetzung mit Ihrem beruflichen Alltag überein? Ergeben sich Anregungen für ein anderes Verhalten?“
>
> „Haben Sie Ihre selbstgesetzten Ziele/Gütekriterien mit Ihrer Videoproduktion erreicht? Was ist noch offen?“

Weiterarbeit:

Positive soziale Resonanzen, die sich aus der Kreation und Präsentation des Filmmaterials ergeben, kommen nicht selten vor. Die Variation oder Erfindung weiterer filmischer Sequenzen bietet sich dann natürlich an. Aber es können auch Handlungs- oder Verhaltensalternativen in einer bestimmten Situation diskutiert und neu präsentiert werden. Die Veröffentlichung der entstandenen Erklärvideos über die bekannten Social-Media-Kanäle kann die Lerngruppe zu „Laiendidaktikern“ werden lassen, was zur Vermehrung und Innovation des autodidaktischen videobasierten Lernens beiträgt.

Cartoon 7

2.8 Sensibilisierung für Stereotype und Wahrnehmungsfehler

Gattungsbezogene Vorbemerkung:

Filmisch festgehaltene Streitgespräche und Debatten können nicht nur dazu verwendet werden, sich themenzentriert und interaktiv mit bestimmten Argumenten auseinanderzusetzen (siehe 2.5). Der eigene Rezeptionsprozess kann ebenfalls ein interessanter Lerngegenstand werden. Dies gilt vor allem dann, wenn man bereit ist, sich mit anderen Menschen darüber auszutauschen, woran es liegen könnte, dass die im Film wahrgenommen Personen und ihre Aussagen häufig sehr unterschiedlich bewertet werden. Die Popularisierung wahrnehmungspsychologischer Erkenntnisse trägt zudem zum Abbau von Vorurteilen bei.

Mögliche Lehrziele:

- Bewusstsein für die unterschiedliche Wahrnehmung der gleichen Personen schaffen
- subjektive Medienrezeption in Hinblick auf Informationsselektion und stereotype Deutungsmuster reflektieren
- Aneignung von Urteilsvorsicht bei der politischen Meinungsbildung

Durchführung:

Den Teilnehmenden wird ein kurzes Video oder ein Filmausschnitt gezeigt, in dem möglichst nur zwei Personen eine Diskussion führen oder eine Debatte zu einem kontroversen Thema pflegen. Es wird darum gebeten, den Diskussionsverlauf und das argumentative Verhalten der Diskussionspartner genau zu beobachten. Dazu wird ein Fragebogen (Muster siehe unten) ausgeteilt, damit die Teilnehmenden ihre Eindrücke und Einschätzungen anonym und jeder für sich festhalten können. Die Teilnehmenden werden gebeten, die Fragen nacheinander zu beantworten.

Nachdem die individuellen Notizen abgeschlossen sind, werden drei Teams gebildet, die die Aufgabe haben, die Ergebnisse auszuwerten. Das erste Team ermittelt die Angaben zu den Fragen 1 bis 5. Sie werden nur nach der Häufigkeit der skalierten Werte zu Person A und B ausgezählt. Aus den Ergebnissen können Durchschnittswerte errechnet werden, um einen Trend der einzelnen Einschätzungen abzubilden. Die Auswertung der Fragen 6 bis 8 erfolgt durch das zweite Team und kann inhaltsanalytisch erfolgen. Das heißt, es werden wesentliche Aussagen aus den Notizen herausgefiltert. In einem zweiten Schritt wird überprüft, wie oft bestimmte Stichworte auftauchen, um ebenfalls gemeinsame Wahrnehmungen und Abweichungen davon festzustellen. Ähnlich verläuft die Auswertung der Fragen 9 bis 12 durch das dritte Team. Bestimmte Argumente sollten gleich sein oder sich zumindest ähneln. Das Team wertet aus, wie häufig diese Argumente in der Teilnehmergruppe auftauchen.

Für die Reflexion der Ergebnisse im anschließenden Plenum ist es wichtig, erkenntnisfördernde Rückfragen zu stellen, wie etwa:

„Wie erklären Sie sich das Ergebnis?“

„Wodurch kommen in der Wahrnehmung Trends zustande?“

„Gilt das Ergebnis nur für unsere Gruppe?“

„Was meinen Sie, führte dazu, dass Person A/B derart unterschiedlich wahrgenommen wurde?“

„Wann erscheint uns jemand als sachkundig oder rhetorisch überzeugend?“

„Achten wir bei Debatten mehr auf Äußerlichkeiten oder mehr auf Argumente?“

„Inwieweit hat das Medium Film Einfluss auf unser Urteil über bestimmte Personen?“

„Könnte es sein, dass wir in unserer Fähigkeit Menschen des öffentlichen Lebens richtig zu beurteilen beschränkt sind? Woran könnte das liegen?“

Rahmenbedingungen:

Die Methode eignet sich auch für größere Gruppen bis ca. 25 Leute. Damit die Auswertung ungestört ablaufen kann, ist es empfehlenswert, für ausreichend räumliche Distanz zwischen den drei Teams zu sorgen.

Hinweise für die Leiterin oder den Leiter:

Nach dem Auswertungsgespräch kann eine erneute Kleingruppenarbeit stattfinden, die sich der Frage widmet, welche Schlussfolgerungen aus dem Selbstexperiment gezogen werden können.

Weiterarbeit:

Damit die Selbstreflexion noch eine Vertiefung erfährt, kann den Teilnehmenden ein zusammenfassendes Informationsblatt zur Verfügung gestellt werden, auf dem die wichtigsten Wahrnehmungsfehler, die die Psychologie nachgewiesen hat, zusammengefasst sind. Hierbei können die Teilnehmenden dazu angeregt werden, darüber nachzudenken, ob und inwieweit welche der häufigsten Wahrnehmungsfehler, wie etwa Logik-Fehler, Primacy-, Pygmalion-, Benjamin-, Halo-, Ähnlichkeitseffekt, Statusfehler etc., im soeben stattgefundenen Selbstversuch den Einfluss gehabt haben (vgl. Dobelli 2011).

Eine methodische Weiterführung könnte sich ergeben, wenn Teilnehmer selbst als „Forscherteams“ tätig werden und eine Umfrage zu Personen des politischen Lebens durchführen. Die Ergebnisse dieser Umfrage können wiederum unter dem Aspekt der Einflüsse auf die politische Meinungsbildung ausgewertet werden (vgl. Danner 1998).

Cartoon 8

Muster Einschätzungsblatt

(Variation einer Vorlage von Danner 1998, S. 120 ff.)

Geben Sie bitte für jede der folgenden Fragen auf den Skalen die Zahl an, die Ihrer Meinung entspricht.

1. Sie haben die Diskussion von Person A und Person B mitverfolgt. In welchem Maße hat Sie Person A überzeugt?

Person A 1--2--3--4--5--6--7--8--9--10

2. In welchem Maße hat Sie Person B überzeugt?

Person B 1--2--3--4--5---6--7--8--9--10

3. Wie kompetent fanden Sie Person A/B?

A

Sehr kompetent 1--2--3--4--5--6--7--8--9--10 inkompetent

B

Sehr kompetent 1--2--3--4--5--6--7--8--9--10 inkompetent

4. Wie rhetorisch geschickt fanden Sie A/B? Bitte tragen Sie Werte zwischen 1 und 10 entsprechend dem Beispiel der vorangegangenen Skalen in das Sechseck ein.

Person A

Person B

5. Wie vertrauenswürdig erschien Ihnen A/B?

Person A

Person B

6. Was machte Person A/B kompetent/inkompetent? Bitte setzen Sie Stichpunkte in die Tabelle.

	Person A	**Person B**
Kompetenz		
Inkompetenz		

7. Wo sahen Sie bei A/B Kennzeichen von rhetorischer Gewandtheit?

	Person A	Person B
Rhetorische Gewandtheit		
Rhetorische Ungeschicktheit		

8. Was vermittelte Ihnen jeweils den Eindruck von Vertrauenswürdigkeit?

	Person A	Person B
Vertrauens-würdigkeit		
Mangel an Vertrauens-würdigkeit		

9. Welches war Ihres Erachtens die Hauptaussage von Person A? Bitte schreiben Sie einen vollständigen Satz.

10. Welches war Ihres Erachtens die Hauptaussage von Person B? Bitte schreiben Sie einen vollständigen Satz.

11. Welches waren Ihres Erachtens wesentliche Argumente von Person A? Bitte schreiben Sie Stichworte.

12. Welches waren Ihres Erachtens wesentliche Argumente von Person B? Bitte schreiben Sie Stichworte.

2.9 „Klappe, die erste!" – Rhetorik- und Sprechstimmtraining

Gattungsbezogene Vorbemerkung:

Nicht nur im DaZ- und DaF-Arbeitsfeld kann es ein Anliegen sein, Teilnehmenden einen Blick auf das eigene rhetorische oder stimmliche Wirken zu vermitteln. Für nahezu alle Veranstaltungen der Personalentwicklung und Gruppenarbeit kann ein Videofeedback erfrischende Impulse liefern.

Mögliche Lehrziele:

- Formulierungsfertigkeiten anhand einer freien oder textgebundenen Rede üben
- nonverbale Wirkungen testen
- Wahrnehmung der rhetorischen Fertigkeiten und Präsenz (Selbstbild) mit den Wahrnehmungen von anderen vergleichen (Fremdbild)

Durchführung:

Den Teilnehmenden kann nach Vermittlung einiger grundlegender Fertigkeiten zur Ausarbeitung einer Rede die Aufgabe gestellt werden, ein Redemanuskript zu einem bestimmten oder frei wählbaren Thema zu erstellen und die Rede aufzunehmen. Die

Aufnahmetechnik erlaubt, leicht mehrere Versionen zu löschen und neu anzufertigen.

Eine mögliche Aufgabenstellung könnte also in Form einer Fallarbeit wie folgt formuliert werden:

> „Sie haben in Kürze eine Rede zur Begrüßung Ihrer neuen Mitarbeiter zu halten. Die Rede soll nicht länger als fünf Minuten dauern und möglichst frei vorgetragen werden. Achten Sie bei der Ausarbeitung Ihres Redemanuskriptes auf die Einhaltung der von uns ausgearbeiteten Qualitätskriterien, wie etwa Verständlichkeit, Akzentuierung, Pausensetzung, Verwendung illustrierender Sprachbilder …“

Nachdem alle Aufnahmen „im Kasten“ sind, kann mit der Auswertungsphase begonnen werden. Dabei sollten alle Teilnehmenden etwas liefern nach dem Motto „alle oder keiner“.

Rahmenbedingungen:

Das intensive Arbeiten vor der Kamera setzt den kompetenten Umgang mit der Aufnahme- und Wiedergabetechnik voraus. Bei jüngeren Teilnehmenden zählt dies meist zu den medialen Grundkompetenzen, ansonsten muss eine Erprobungsphase vorgeschaltet werden.

Hinweise für die Leiterin oder den Leiter:

Das Feedback, das die Teilnehmenden durch das Video erhalten, sollte nicht das einzige bleiben. Anderen Teilnehmenden sollte Gelegenheit gegeben werden, ihre Eindrücke wiederzugeben. Die sprachliche Feedbackstruktur (Ich-Botschaften) stets einzuhalten, trägt dazu bei, eventuelle Generalisierungen oder Stereotype zu vermeiden. Förderlich ist ebenfalls, wenn dadurch eine Vielstimmigkeit von Wahrnehmungen deutlich wird.

Weiterarbeit:

Aus der Auswertungsphase ergeben sich in der Regel Hinweise für die Weiterarbeit. So können sich etwa spezifische Übungen zur Artikulationspräzision, Lautstärke und Sprechgeschwindigkeit anschließen.

Cartoon 9

2.10 „Klappe, die zweite!“ – Videos aus dem Bereich Bewerbungstraining und Selbstpräsentation

Gattungsbezogene Vorbemerkung:

Die Produktion und Rezeption von Filmen aus dieser Gattung hat sich durch die Ausbreitung der Internetverfügbarkeit sehr stark erhöht. In Trainings ergänzen oder ersetzen Videos zunehmend die früher häufiger angewandten Rollenspiele. Damit einher geht eine medientechnische Fokussierung der Selbstpräsentation.

Mögliche Lehrziele:

- Idealverhalten in einer Bewerbungssituation vermitteln
- Varianten des „Idealverhaltens“ thematisieren oder hinterfragen
- Selbstbewusstsein sowie Fähigkeiten der Selbstpräsentation erhöhen

Durchführung:

Viele Lehrfilme sind so aufgebaut, dass sie in der Gegenüberstellung von Negativ- und Positivbeispielen ein Modelllernen bei den Zuschauern auslösen. Hierbei hat sich bewährt, den Teilnehmenden zuerst das Negativbeispiel zu zeigen, Fehler zu thematisieren und im Anschluss am Positivbeispiel herauszuarbeiten, welche

Verhaltensweisen als erfolgversprechend gelten. Eine Anleitung könnte also wie folgt aussehen:

- Erstellen Sie in Vierer- oder Fünfergruppen zwei kurze Rollenspiele auf Video (Laufzeit jeweils max. 10 Min.), die ein Bewerbungsgespräch zum Gegenstand haben. Es kann dabei im Wechsel ein schlechtes und ein gutes Beispiel gezeigt werden. Vergleichen Sie in der Gruppe die Aufzeichnungen nach kommunikativen Gesichtspunkten (thematische Aspekte, nonverbale Auffälligkeiten, vorherrschende Sprachhandlungen). Speichern Sie die Videos bitte auf SD-Karte.
- Verteilen Sie die Rollen so, dass möglichst jeder einmal im Video auftaucht (entweder als Bewerber oder als Personaler). Zeit für Skripterstellung und Aufnahme: ca. 60 Min.
- Die Videos werden das nächste Mal vorgeführt, ausgewertet und nach den von Ihnen erarbeiteten Qualitätskriterien eingeschätzt.

Rahmenbedingungen:

Technisch stellt das Filmen heute meist kein Problem mehr dar, da selbst mit Handys einfache Videos produziert werden können. Falls die Aufnahme mit Videokameras erfolgt, sollte zu Beginn kurz die Handhabung erklärt werden, um Anfängerfehler (wie etwa Gegenlichtaufnahmen) zu vermeiden.

Der Aufbau der Selbstpräsentation im Bewerbungsgespräch kann zwar branchenabhängig einige Abweichungen aufweisen. Aber grob gesehen, kann man sich an der Beantwortung der Fragen „Wer bin ich?“, „Was kann ich?“, „Was will ich?“ orientieren. Ob und wie diese Leitfragen im Lehrfilmmaterial beantwortet werden, ist für eine inhaltliche Analyse hilfreich.

Hinweise für die Leiterin oder den Leiter:

Vermeintliche Selbstverständlichkeiten und feststehende Regeln des Bewerbungsgesprächs können hinterfragt werden, da sogar Idealverhalten bei den Personalverantwortlichen nicht zwangsläufig positiv aufgenommen wird.

Weiterarbeit:

Bei der Auswertung der Lehrfilme sollte zuerst die an der jeweiligen Produktion unbeteiligte Kleingruppe zu Wort kommen. Im zweiten Schritt kann die Filmemachergruppe verraten, ob die Wahrnehmungen des Publikums sich mit ihren eigenen Wahrnehmungen und Darstellungszielen decken. Die Thematisierung solcher Differenzwahrnehmungen ermöglicht häufig soziale Erkenntnisse. Fragen an die Filmemachergruppen könnten sein:

> „Wo traten bei der Umsetzung Schwierigkeiten oder Meinungsverschiedenheiten auf?“

„Wie zufrieden sind Sie mit Ihrem Erscheinungsbild vor der Kamera? Woran möchten Sie gern noch arbeiten?“

„Welche Aspekte des Vorstellungsgesprächs wurden bei Ihnen besonders ausgiebig behandelt. Aus welchem Grund?“

„In welchem Maße stimmt die filmische Umsetzung mit Ihren bisherigen Erfahrungen überein? Ergeben sich Möglichkeiten für ein anderes Verhalten?“

„Wie schätzen Sie die Einhaltung der von Ihnen aufgestellten Qualitätskriterien der Videoproduktion (z. B. Realitätsbezug, sprachlicher Ausdruck, Erkenntnisgewinn, Umgang mit Irritationen) ein?“

Es bietet sich an, mit Hilfe von Rollenspielen oder individuellen Coachings das Gelernte zu festigen und gelungene Beispiele über positives Feedback zu würdigen.

Cartoon 10

Ausleitung

Didaktische Idealvorstellungen sind häufig der Nährboden für das pädagogische Engagement von Lehrpersonen. Die jugend- und erwachsenenbildnerische Praxis bietet gleichwohl eine unvermeidliche Konfrontation dieser Vorstellungen mit den unterschiedlichen Charakteren und Interessen der Teilnehmenden. Lernziele können sich deshalb sehr von den Lehrzielen unterscheiden oder von den Teilnehmenden auch widersprüchlich oder diffus formuliert werden. Die Gattungsspezifik der Filme, der gewohnte Umgang mit Medien und die institutionellen Rahmenbedingungen haben ebenfalls Einfluss auf jede einzelne Lehrveranstaltung. Wenn sich im Verlauf herausstellt, dass Teilnehmende andere Ziele und Bedürfnisse haben, als die Veranstaltungsmoderation es vorgesehen hat, lässt sich darauf flexibel reagieren, wenn ein entsprechend breites Methodenrepertoire vorhanden ist und die pädagogische Grundhaltung dialogisch ausgerichtet ist.

Die skizzierten Veranstaltungsmodelle verstehen sich demnach im Sinne einer Ermöglichungsdidaktik. Jugendliche und Erwachsene können durch die Beschäftigung mit Filmsequenzen selbstreflexiv, selbstbestimmt und interaktiv tätig werden. Dies funktioniert jedoch nur, wenn die Teilnehmervoraussetzungen mit den Herausforderungen des Lerngegenstandes interferieren. Das bedeutet, der Lerngegenstand muss durch die Lehrpersonen didaktisiert werden und das passiert nicht allein durch die Auswahl und das Zeigen eines passenden Videos. Denn sonst könnte der Siegeszug des videobasierten Lernens leicht dazu führen, Lernen zum „Infotainment“ (Neil Postman) verkommen zu lassen. Besonders die Vermittlung von Grundbildung war jedoch schon immer von Prozessen der didaktischen Reduktion und populärwissenschaftlicher Simplifizierung begleitet. Videobasiertes Lernen steht andererseits der Aneignung komplexer Sachverhalte und Thematiken nicht im Wege, solange Weiterarbeit und Vertiefung in ein Thema anschließen. Filme unterschiedlicher Gattungen können dann als „Türöffner“, „Exempel“ oder „Irritationshilfe“ dienen, um Erkenntnisse und neue Fähigkeiten in einer kreativen, fehlertoleranten, kollektiven Lernatmosphäre zu entwickeln. Entscheidend für das Erleben einer solchen Atmosphäre ist die gegenseitige Achtung und Anerkennung. Selbst wenn die kompetentesten Lehrpersonen auf die begabtesten Teilnehmer treffen, braucht es gegenseitige Akzeptanz, um erfolgreich zu interagieren.

Die didaktische Nutzung des Videoformats kann äußerst vielfältig verlaufen. Die erfahrungsorientierte Anwendung muss vor allem mit Blick auf die Filmgattung, die vorhandenen Kenntnisse und Fertigkeiten, die Lernziele und institutionellen Rahmenbedingungen gut vorbereitet werden. Um bei den Teilnehmenden eine lernbereite Erwartungshaltung in Bezug auf den zu zeigenden Film oder das zu bearbeitende Video zu wecken, sollte auf das Vorwissen, die Fertigkeiten bzw. Erfahrungen der Lernenden zurückgegriffen werden. Diese Aktivierung kann etwa durch thematisches Brainstorming und Brainwriting, Assoziationen zu Cartoons, Fotos, Zeichnungen oder die Lektüre filmbezogener Texte erfolgen, um zum eigentlichen Thema hinzuführen oder die Komplexität und Vielschichtigkeit des Lerngegenstandes deutlich werden zu lassen.

Wichtig ist, nicht bei der bloßen Filmproduktion oder -rezeption stecken zu bleiben. Lernerfahrungen konstituieren und erweitern sich erst durch Interaktionen mit anderen Teilnehmern. Dabei sollten Teilnehmende die Erfahrung machen, ihr Dabeisein ist für sie selbst und die Lerngruppe von Wert. Ein Bewusstsein für die eigene Kompetenzerweiterung, die Erreichung von selbstgesetzten Lernzielen, Neugier und positive Einstellung zum Lerngegenstand begünstigen den Lernerfolg. Es ist natürlich auch ratsam, den Wortschatz bzw. das bildnerische, sozusagen symbolische Repertoire einzuführen, das für das Verständnis des Films unabdingbar ist. Gleichwohl kann und darf es je nach kultureller Herkunft des Rezipienten zu kulturdifferenten Wahrnehmungen desselben Filmes kommen. Die Dekonstruktion von Stereotypen bedeutet eben nicht, diverse Wahrnehmungen durch ein einziges Narrativ der Wirklichkeit zu ersetzen (vgl. 2.8). Gerade die Multiperspektivität, die im kollektiven Rezeptionsvorgang steckt, generiert Möglichkeiten des sozialen Lernens. Hervorzuheben ist also die Tatsache, dass es nicht genügt, einen thematisch irgendwie passenden Film zu zeigen oder ein Video zu produzieren, um videobasiertes Lernen zu initiieren. Lernen am Videobeispiel setzt sich je nach Zielstellung aus verschiedenen Teilprozessen zusammen. Die Phase der Vorbereitung ist dabei genauso wichtig wie die Phasen des Austauschs, der Weiterarbeit und der Anwendung.

Die Zusammenschau und Gegenüberstellung der verschiedenen Veranstaltungsmodelle hat deutlich werden lassen, wie stark videobasiertes Lernen methodisch variieren kann und wie vielseitig es für soziales Kompetenztraining nutzbar ist. Es ist anzustreben, im Vorfeld einer Veranstaltung möglichst zielorientiert zu planen und detaillierte Informationen einzuholen, mit welchen zielgruppenspezifischen Voraussetzungen und Erwartungen zu rechnen ist. Liegen diese Informationen nicht vor, sollte die erste direkte Begegnung mit den Teilnehmenden dazu genutzt werden, entsprechende Klärungen anzustreben und die Lernziele, Arbeitsweisen und Durchführungsmodalitäten anzupassen. Ist die Teilnehmergruppe von den Kompetenzen und Interessen her sehr heterogen, kann es wichtig werden, die gegenseitige Akzeptanz und Motivation zu sichern, bevor sich die Moderation den z. T. komplexen Ansprüchen einer Filmrezeption oder Videoproduktion widmet. Zur Unterstützung dieser gruppendynamischen Basis existiert eine wissenschaftlich fundierte jugend- und erwachsenenpädagogische Methodik (etwa nach dem bewährten TZI-Modell), die es allerdings in jeder Veranstaltung aufs Neue mit Leben zu erfüllen gilt.

Literaturverzeichnis

ACHBAR, MARK (Hg.): *Noam Chomsky – Wege zur intellektuellen Selbstverteidigung – Medien, Demokratie und die Fabrikation von Konsens.* Mariano: München 1996, S. 51 ff.

BACHMAIR, BEN: Aktive Medienverwendung. Paradigma für den Gebrauch audiovisueller Medien in der Schule. In: *Medium. Zeitschrift für Medienkritik.* Berlin: Vistas. 5.1975, H. 11, S. 31–37.

BREITER, ANDREAS et al.: Berufsschule Digital – Berufliche Medien- u. IT-Kompetenz als Querschnittaufgabe. Ergebnisse aus dem Projekt „Berufsschule digital". In: *Bildung und Beruf.* April 2020, S. 129.

CHOMSKY, NOAM: *Media Control.* Piper: München 2006, S. 35 u. 65.

DANNER, STEFAN: *Erwachsenenbildung im Informationslabyrinth. Theorien, Methoden und Materialien für die politische Bildungsarbeit.* Landeszentrale f. politische Bildung: Dresden 1998, S.120 ff.

DOBELLI, ROLF: *Die Kunst des klaren Denkens – 52 Denkfehler, die Sie besser anderen überlassen.* Hanser: München 2011.

DORGERLOH, KARSTEN/WOLF, KARSTEN D. (Hg.): *Lehren und Lernen mit Tutorials und Erklärvideos.* Weinheim u. Basel: Beltz 2020.

Graeßner, Gernot: *Moderation – das Lehrbuch. Gruppensteuerung und Prozessbegleitung.* Augsburg: Ziel 2013.

Hartmann, Martin/Funk, Rüdiger/Nietmann, Horst: *Präsentieren. Präsentationen: zielgerichtet und adressatenorientiert.* Weinheim u. Basel: Beltz 2012.

Hochhausen, Vincent: Die Systeme werden immer smarter. In: *Bildungspraxis.* 4/2019, S. 6 ff.

Hoffmann, Kristina/Hüther, Gerald et al.: *Medienwerkstatt Kindergarten. Vom Konsumieren zum Gestalten – ein Programm zur Förderung des kreativen Umgangs mit Medien.* Schriftenreihe der Baden-Würtemberg-Stiftung. Stuttgart 2012, S. 14 f.

Hoppe, Henriette/Vorst, Claudia/Weissenburger, Christian (Hg.): *Bildliteralität im Übergang von Literatur und Film: Eine interdisziplinäre Aufgabe und Chance kompetenzorientierter Fachdidaktik* (Studien zur Germanistik und Anglistik, Band 25). F. a. M.: Peter Lang 2017.

Keppler, Angela/Seel, Martin (2002): Filmische Genres. In: *Montage AV* 11,2, S. 65.

Kirchler, Erich (Hg.): *Arbeits- und Organisationspsychologie.* Wien: Facultas 2008, S. 28 ff.

Kittelberger, Rainer/Freisleben, Immo: *Lernen mit Video und Film.* Weinheim und Basel: Beltz 1994.

Knoll, Jörg: *Kurs- und Seminarmethoden.* Weinheim: Beltz 2007.

Kulgemeyer, Christoph: Didaktische Kriterien für gute Erklärvideos. In: Dorgerloh, Stephan/Wolf, Karsten D. a.a.O., S. 70–74.

Mundhenke, Florian: *Zwischen Dokumentar- und Spielfilm. Zur Repräsentation und Rezeption von Hybrid-Formen.* Wiesbaden: Springer 2017.

Paivio, Allen: *Mental representations. A dual coding approach.* New York: Oxford University Press 1986.

Witzlack-Makarevich, Kai/Wulff, Nadja/Storz, Coretta (Hg.): *Sushi, Sandmann, Sozialismus: Kultur- und Landeskunde der DDR. Ein Text- und Übungsbuch für den DaF-Unterricht.* Berlin: Frank & Timme 2020.

Zinn, Bernd (Hg.): *Virtual, Augmented und Cross Reality in Praxis und Forschung – Technologiebasierte Erfahrungswelten in der beruflichen Aus- und Weiterbildung.* Stuttgart: Franz Steiner Verlag 2020.

Internetquellen:

https://www.die-bonn.de/doks/2011-fachdidaktik-01.pdf

http://methodenpool.uni-koeln.de/download/pbl.pdf

https://www.rat-kulturelle-bildung.de/fileadmin/user_upload/pdf/Studie_YouTube_Webversion_final_2.pdf

https://www.zhl.dhbw.de/fileadmin/user_upload/CAS-ZHL/Hochschuldidaktik/Online-Angebot/Methoden-PDF/Ampelfeedback_Methoden-PDF.pdf

Bildquellen:

Cartoon 1 „Mein Stream statt Mainstream“ von NEL, www.Nelcartoons.de

Cartoon 2 „Also nochmal von vorn …?“ von Kurt Kies, https://de-de.facebook.com/kurt.kies.3

Cartoon 3 „Gregor Samsa“ von Manfred von Papen, www.papans.de

Cartoon 4 „Torte“ von Tim Posern, www.tim-posern.de

Cartoon 5 „Meinung frei sagen“ von NEL

Cartoon 6 „80 Zoll Bilddiagonale“ von Martina Hillemann, www.martinahillemann.de

Cartoon 7 o. T. von Kurt Kies

Cartoon 8 „Wenn hier einer faket, bin ich das!!!“ von Lutz Richter, https://de-de.facebook.com/Lutz.Richter.RIL.Cartoons

Cartoon 9 „Klappe, die erste!“ von Kurt Kies

Cartoon 10 „Wer ist das nur?“ von Kurt Kies

PÄDAGOGIK

Bd. 1 Karin Vach: Medienzentrierter Deutschunterricht in der Grundschule. Konzeptualisierung, unterrichtliche Erprobung und Evaluation. 268 Seiten. ISBN 978-3-86596-012-2

Bd. 2 Markus Drolshagen: „Was mir fehlt, ist ein Zuhause". Fehlplatzierung jüngerer Behinderter in hessischen Altenhilfe-Einrichtungen. 316 Seiten. ISBN 978-3-86596-055-9

Bd. 3 Anne Walther: Spielend Englisch lernen. Möglichkeiten eines schülerorientierten landeskundlich-interkulturellen Fremdsprachenunterrichts an Grund-, Haupt- und Realschulen, analysiert am Beispiel der neuen Bundesländer. 326 Seiten. ISBN 978-3-86596-098-6

Bd. 4 Sven Kluge: Vermisste Heimat? Zum emanzipativ-repressiven Doppelcharakter der Gemeinschaftsthematik innerhalb der modernen Pädagogik. 734 Seiten. ISBN 978-3-86596-148-8

Bd. 5 Cristina Allemann-Ghionda/Saskia Pfeiffer (Hg.): Bildungserfolg, Migration und Zweisprachigkeit. Perspektiven für Forschung und Entwicklung. 154 Seiten. 2. Aufl. ISBN 978-3-86596-153-2

Bd. 6 Thomas Wagner: Begabungsförderung in der Schule. Zum Zusammenhang zwischen Motivation, effizientem Lernen und Methodenkompetenz. 110 Seiten. ISBN 978-3-86596-340-6

Bd. 7 Dieter Kirchhöfer: Kindersonntage – Sonnentage? Vom Eigenwert des Sonntags. 220 Seiten. ISBN 978-3-86596-436-6

Bd. 8 Norbert Störmer: Du störst! Herausfordernde Handlungsweisen und ihre Interpretation als „Verhaltensstörung". 372 Seiten. ISBN 978-3-86596-531-8

Bd. 9 Marie J. Myers: Les nouveaux dans les écoles – Comment aborder des situations de plus en plus complexes ? 170 Seiten. ISBN 978-3-7329-0100-5

Bd. 10 Hans Kühne (Hg.): Supervision und Soziale Arbeit: Geschichte – Praxis – Qualität. 152 Seiten. ISBN 978-3-7329-0118-0

Bd. 11 Jean-Marie Weber/Julia Strohmer: Der Bezug zum Wissen in der Lehrerbildung. Eine psychoanalytische Studie zu Transformationen im Ausbildungsprozess. 200 Seiten. ISBN 978-3-7329-0081-7

Bd. 12 Dorothee Doerfel-Baasen/Oksana Baitinger: GANZes Kind den ganzen TAG? 148 Seiten. ISBN 978-3-7329-0121-0

Bd. 13 Dieter Kirchhöfer: Wider die Rationalität! Für eine anthropologische Öffnung der Pädagogik. 156 Seiten. ISBN 978-3-7329-0165-4

PÄDAGOGIK

Bd. 14 Winfried Noack: Ethische Grundlagen der Sozialen Arbeit.
196 Seiten. ISBN 978-3-7329-0209-5

Bd. 15 Pierre-Carl Link/Roland Stein (Hg.): Schulische Inklusion und Übergänge.
246 Seiten. ISBN 978-3-7329-0357-3

Bd. 16 Roland Stein/Pierre-Carl Link/Philipp Hascher (Hg.): Frühpädagogische Inklusion und Übergänge. 432 Seiten. ISBN 978-3-7329-0541-6

Bd. 17 Roland Stein/Hans-Walter Kranert (Hg.): Inklusion in der Berufsbildung im kritischen Diskurs. 258 Seiten. ISBN 978-3-7329-0636-9

Bd. 18 Thomas Kurt Grieser: Videobasiertes Lernen – Filme in der Aus- und Weiterbildung. Vom virtuellen Erleben zur Interaktion. Eine methodische Handreichung.
100 Seiten. ISBN 978-3-7329-0864-6

Bd. 19 Peggy Germer: Lernen im Tandem in der Lehramtsausbildung. Autonome Lernprozesse initiieren, unterstützen und erforschen.
618 Seiten. ISBN 978-3-7329-0929-2